a nuit
anche
e Zoé

Mirela Vardi

HACHETTE
Français langue étrangère
www.hachettefle.fr

Dans la même collection :
Rémi et le mystère de Saint-Péray d'Annie Coutelle, niveau A1
Thomas et la main jaune d'Éric Vattier, niveau A1/A2
Julie est amoureuse de Michel Guilloux, niveau A2
Emma et la perle blanche de Danièle Hommel, niveau B1
Maxime et le canard de Patrick Dannais, niveau B1

Couverture : Anne-Danielle Naname
Conception de la maquette intérieure : Isabelle Abiven
Mise en page : Anne-Danielle Naname
Secrétariat d'édition : Sandra Deniau
Illustrations : Denis Viougeas
Mise en couleur des illustrations : Isabelle Glénaz

ISBN : 978-2-01-155602-8
© Hachette Livre 2008, 43, quai de Grenelle, 75905 Paris Cedex 15.
www.hachettefle.fr

mmaire

Chapitre 1 :
Zoé fait du snowboard   **p. 5**

Chapitre 2 :
Comme chien et chat   **p. 8**

Chapitre 3 :
L'anniversaire d'Elsa   **p. 12**

Chapitre 4 :
La montre en or   **p. 15**

Chapitre 5 :
En route !   **p. 19**

Chapitre 6 :
Chez monsieur Paul   **p. 23**

Chapitre 7 :
Le blanc et le noir   **p. 29**

Chapitre 8 :
Sénateur   **p. 32**

Chapitre 9 :
Et ça recommence !   **p. 36**

Activités   **p. 39**

Corrigés   **p. 47**

Chapitre 1

oé fait du nowboard

« **E**lsa, regarde ! »

Zoé est en haut de la piste[1] verte. On ne la voit presque[2] pas. Tous ses vêtements sont blancs. Des vêtements blancs à la montagne, c'est dangereux. Mais pour une blonde, le blanc

---

1. Une piste : ici, un espace pour faire du ski.

2. Presque : à peu près.

est très joli. Toutes les stars sont en blanc cette année – à Milan, à New York, à Paris...

« Vas-y ! Je te regarde.

– D'accord, j'y vais ! »

Elle y va ?... Non, elle n'y va pas... Si, elle y va !... Un, deux, trois... BOUM !!!

Comment est-ce possible ? Même les enfants de cinq ans trouvent cette piste verte facile !

Zoé, non ! Zoé s'habille très bien mais elle n'est pas très sportive !

Où est-elle ? On ne la voit plus dans tout ce blanc.

« Zoé ! Zoé !

– Oui !

– Ça va ?

– Non. Je suis trop nulle[3] !

– Tu n'es pas nulle. C'est ton premier jour de snowboard. C'est difficile pour tout le monde, la première fois. Mais tu vas voir, après, c'est super. »

---

3. Nulle : incompétente ; je ne sais rien faire !

Elsa étudie au collège sport-études de Modane. Chaque jour, elle fait du ski et du snowboard. Sur une piste, c'est une championne[4].

Zoé l'écoute. Je m'habille bien et je suis jolie, mais à la montagne, je tombe[5] toujours. C'est horrible[6]... pense t-elle.

---

4. Un champion : un vainqueur, un gagnant.

5. Tomber : perdre son équilibre.

6. Horrible : répugnant, mauvais.

Chapitre 2 — Comme chien et chat

Rémi, Karine et Thierry arrivent derrière Zoé. Rémi est un champion de skate. Le snowboard, c'est presque comme le skate, et Rémi va très vite sur les pistes.

« Qu'est-ce que tu fais dans la neige ? demande t-il à Zoé. Tu cherches ta montre ? »

Zoé porte une très belle montre en or, un cadeau de sa grand-mère. On ne fait pas du snowboard avec une montre en or. Les montres en or[1], c'est pour la ville, pour l'opéra, pas pour la montagne ! Mais cette montre magnifique va très bien avec des vêtements blancs…

« Je ne cherche pas ma montre. Je regarde la montagne et je rêve[2]…

– De moi ?

– Pff ! Les filles ne rêvent pas de leur cousin, mon pauvre. Je rêve d'un prince, pas d'un petit garçon stupide !

---

1. L'or : métal précieux jaune.

2. Je rêve : j'imagine.

– Et ton prince, il est dans la neige ? Brrr, vous allez avoir très froid cette nuit, ma pauvre. »

Les autres rient. Rémi et Zoé sont comme chien et chat. C'est marrant[3] de les écouter.

« Je ne vais pas avoir froid du tout, répond Zoé. Dans mes rêves, il ne fait jamais froid. Ne cherche pas à comprendre, tu es encore jeune… »

Rémi a onze ans – deux ans de moins que Zoé. Il déteste qu'elle lui parle comme une grande soeur. D'abord, ce n'est pas sa soeur, c'est sa cousine. Et puis elle est nulle en sport.

« Je suis jeune, mais je ne suis pas toujours le nez dans la neige. Je t'aide ?

---

3. Marrant : drôle, amusant.

– Non, merci beaucoup. Va t'amuser avec tes petits camarades… »

Quand Zoé est fatiguée, elle déteste les blagues[4] de Rémi. Rémi ne sait pas s'arrêter. C'est un enfant.

« Il est quelle heure ? » demande Karine.

Zoé regarde sa belle montre en or :

« Deux heures.

– On se retrouve au collège dans une heure ?

– Pourquoi ? demande Thierry. On a le temps. Les pistes ferment à 16 heures 30.

– Oui, mais Zoé et moi, on va acheter un gâteau pour Elsa. »

Ce soir, c'est l'anniversaire d'Elsa. Il y a une grande fête au collège. Tous les amis sont invités.

« Bon, dit Thierry. Nous, on continue à skier ! Salut, Zoé !

– Salut !

– Euh, Zoé ? dit Rémi.

---

4. Une blague : une histoire inventée pour faire rire.

– Qu'est-ce qu'il y a encore ?

– Ne reste pas trop longtemps dans la neige, d'accord ? »

Chapitre 3
L'anniversaire d'Elsa

Dans la salle des fêtes du collège de Modane, l'ambiance[1] est très chaude. Karine est à la chaîne hi-fi[2] (elle a tous les CD de Christophe Willem, de Zazie, de Diams !), Thierry est au bar et Rémi... et bien Rémi est partout, au bar, à la chaîne hi-fi, sur la piste de danse et même sur les tables ! Toutes les filles dansent avec lui. Il danse très mal mais il est très drôle. Dans ses bras, on n'arrête pas de rire.

À 9 heures, Karine coupe[3] la musique. Les danses s'arrêtent. Qu'est-ce qui se passe ? Karine prend le micro :

« Est-ce que vous avez encore faim ? »

Pourquoi est-ce qu'elle demande ça ? À la montagne, on a toujours faim !

« Oui ! Oui ! Oui !

– Qu'est-ce que vous dites ?

---

1. Une ambiance : une atmosphère.
2. La chaîne hi-fi : un appareil pour écouter de la musique.
3. Coupe : arrête.

– On a faim !

– C'est triste, il n'y a plus rien à manger et c'est l'heure d'aller se coucher. Bonne nuit, tout le monde !

– Whooooooooooooouuuhhh !!! Le gâteau ! Le gâteau !

– Le gâteau ? Quel gâteau ? Il n'y a pas de gâteau ici… »

Mais personne ne la croit. Soudain[4], la salle est plongée dans le noir[5]. On ne voit plus rien. Des garçons et des filles font les fous[6]. Mais qu'est-ce que c'est ? Là ! Devant la porte… Zoé,

---

4. Soudain : tout à coup.

5. La salle est plongée dans le noir : on ne voit plus rien.

6. Faire les fous : s'amuser.

Zoé tout en blanc, Zoé avec le gâteau. Et sur le gâteau, il y a quatorze bougies[7]. Tous les copains d'Elsa commencent à chanter :

« Joyeux an-ni-ver-sai-re ! Joyeux aaa-nniiii-veeer-saiiire ! Joyeux aaaaaa-nniiiii-veeeeer-saiiiiii-re Elsa !!! Joyeux aaa-nniiii-veeer-saiiire ! Bravo ! Bravo ! »

Elsa est toute rouge. Elle est très contente. C'est une fête géniale !

« Une chanson ! Une chanson ! » crie Rémi.

Et les autres :

« Elsa, une chanson ! Elsa, une chanson ! Elsa, une chanson !

– Mais je ne sais pas chanter ! »

Ce n'est pas vrai. Elle chante très bien. Elle chante une chanson en français, puis Zoé chante une chanson en suédois (sa grand-mère est suédoise), Karine chante une chanson en anglais (sa famille vient de Londres), et Rémi chante une chanson... en « rémi », et c'est horrible, horrible, tout le monde lui demande d'arrêter, mais il n'arrête pas, bien sûr[8], personne n'arrête Rémi pendant une fête. Karine va vite[9] à la chaîne hi-fi et le dernier CD de Christophe Willem sauve l'anniversaire d'Elsa d'une catastrophe musicale !

---

7. Une bougie : une chandelle.

8. Bien sûr : évidemment.

9. Vite : rapidement.

Chapitre 4 ## La montre en or

À 11 heures, ils sont tous fatigués. Cette fois, c'est vraiment l'heure d'aller dormir. Demain matin, ils se réveillent à 7 heures 30 pour être sur les pistes à 9 heures ! Mais comment dormir après une fête aussi géniale ?

Elsa propose de faire d'abord de la luge. Il y a plusieurs luges au collège et même une petite piste. La luge, la nuit, c'est super ! Mais les

professeurs, qu'est-ce qu'ils vont dire ? Rien du tout : ils dorment, les pauvres. Ne les réveillons pas…

« On fait la course[1] ? demande Rémi.

– D'accord ! »

Elsa et Zoé montent sur la première luge, Rémi sur la deuxième, Thierry et Karine sur la troisième. Un, deux, trois, partez ! Ils vont très vite. Il fait noir, on ne voit presque rien, c'est super marrant !

Elsa et Zoé arrivent les premières.

« Hourra ! crie Zoé. Encore une fois !

– Encore une fois ! dit Rémi.

– D'accord, dit Karine. Mais cette fois, je vais avec Elsa. »

Ils remontent en haut de la piste. Maintenant, Elsa est avec Karine, Zoé avec Thierry, et Rémi est encore tout seul. Ils vont très vite, Thierry a de la neige sur ses lunettes. Il ne voit rien…

Attention !

Trop tard, c'est l'accident !

---

1. Une course : une compétition.

« Ça va ? demande Karine. Vous n'avez pas mal[2] ?

– Non, ça va dit Thierry.

– Tu as une drôle de tête ! dit Zoé.

– Et toi aussi ! »

Ils ont de la neige partout.

« Mes lunettes ! dit Thierry. Où sont mes lunettes ?

– Ici ! » dit Zoé.

Elle lui donne ses lunettes.

---

2. Avoir mal : être blessé.

« Et ton prince ? demande Rémi. Il va bien, dans la neige ?

– Vingt fois la même blague, mon pauvre, c'est beaucoup. Pourquoi tu ne vas pas dormir ? Laisse donc les grands jouer ensemble.

– En fait, tu m'aimes, c'est pour ça que tu me parles comme ça. Parce que c'est moi, ton prince. Si, si ! Ah, l'amour…

– Je t'aime, moi ?! Beurk !!! »

Zoé et Rémi dans la même soirée, c'est vraiment génial !

Mais c'est vrai qu'il est tard[3]…

« Moi, je suis fatiguée dit Karine. Pas vous ? Il est quelle heure ? »

Zoé regarde sa montre… Où est sa montre ?! Elle n'a plus sa montre !

« MA MONTRE EN OR !!! »

---

3. Tard : ici, il fait nuit, c'est la fin de la soirée.

Chapitre 5

En route !

« **M**aintenant, elle est sous la neige, dit Thierry. La nuit est noire. On ne va pas la retrouver. Revenons demain[1] matin !

– Je ne vais pas laisser ma montre toute la nuit dans la neige !

---

1. Demain : le jour suivant.

– J'ai une idée, dit Elsa. Un professeur de ski a un chien de montagne. Avec ce chien, il retrouve les gens dans les avalanches[2]...

– Il les retrouve morts ou vivants ? » demande Rémi.

Rémi fait des blagues bizarres parfois[3].

« Ton professeur, demande Thierry, il habite loin d'ici ?

– Un kilomètre par la montagne. Mais, c'est un peu dangereux, la nuit... »

Que faire ? Le professeur ne va peut-être pas vouloir s'occuper d'une montre. Et puis aller chez lui et revenir au collège, ça va prendre du temps. À quelle heure est-ce qu'ils vont dormir avec cette histoire ? Mais est-ce qu'ils ont envie de dormir ?

Ils entrent dans la forêt[4]. Heureusement qu'Elsa connaît bien la montagne. On ne voit pas le chemin[5]. Il fait très noir et il y a de la neige partout – beaucoup de neige et de grands arbres tous pareils. Zoé et les autres marchent derrière Elsa. Ils ne savent plus où ils sont. Ils ont

---

2. Une avalanche : une grande quantité de neige qui descend rapidement.

3. Parfois : de temps en temps.

4. Une forêt : un espace avec beaucoup d'arbres.

5. Chemin : voie pour aller d'un lieu à un autre, un itinéraire.

un peu peur. Dans le ciel, on voit la lune, toute ronde, toute blanche, et on entend des animaux qu'on ne voit pas. Et puis soudain, devant eux, il n'y a plus d'arbres. Ils sont devant une sorte de couloir, un peu comme une piste de ski. Ce n'est pas très large, cinquante ou cent mètres, difficile à dire dans la nuit, mais c'est très long…

« Pourquoi est-ce qu'il n'y a plus d'arbres ici ? demande Zoé d'une petite voix.

– C'est un couloir[6] d'avalanche, explique Elsa. C'est un endroit[7] très dangereux. Il y a parfois des accidents. Des accidents graves.

6. Couloir : passage entre deux lieux ; en montagne, beaucoup de neige peut former des couloirs d'avalanches.

7. Endroit : lieu.

– Qu'est-ce qu'on fait ?

– On y va. Ne parlez pas et marchez doucement... »

Doucement ? Comment marcher doucement dans un couloir d'avalanche ?

Plus personne ne parle. Même Rémi ne dit rien.

En deux minutes, ils sont de l'autre côté de la zone dangereuse[8], au milieu des grands arbres. Ouf ! Ce passage est vraiment horrible. Ils comprennent que dans une montagne, il ne faut pas avoir peur des arbres. Il faut avoir peur quand il n'y a plus d'arbres, parce que c'est la neige qui est dangereuse ; les arbres sont là où il n'y a pas de danger.

---

8. Une zone dangereuse : ici, le couloir d'avalanche.

Chapitre 6

Chez monsieur Paul

Monsieur Paul, le professeur de ski, habite au milieu de[1] la forêt, dans une jolie maison avec de grandes fenêtres et un beau jardin. Il n'y a pas de voisins, pas de route, pas de station de ski. Le village est à plus d'un kilomètre. Dans cette maison, c'est comme dans un livre, on est loin du reste du monde.

---

1. Au milieu de : au centre de.

Mais ce soir, il y a une fête chez monsieur Paul. On entend de la musique et quinze ou vingt voitures sont garées[2] sur le chemin. C'est incroyable, tout le monde fait la fête à Modane, cette nuit !

Elsa frappe à la porte. Avec la musique, personne ne l'entend.

« Monsieur Paul ! C'est moi, Elsa ! »

Quelqu'un vient enfin mais ce n'est pas monsieur Paul, c'est Sénateur, le chien d'avalanche.

« Sénateur, gentil chien, dit Elsa à travers la porte. Va chercher ton maître. »

Le chien dit d'accord dans sa langue et une minute plus tard, la porte s'ouvre sur le professeur de ski. Monsieur Paul est beau comme un prince. Il est grand, il a des cheveux noirs, des yeux verts. Vingt ou vingt-cinq ans et très sympa. Il sourit, il serre les mains. Zoé veut lui dire bonjour, bonsoir, elle cherche ses mots, elle est tout de suite sous le charme.

« Vous venez à ma fête ?

– Votre fête ? Euh, non, c'est pour la montre de Zoé, elle est dans la neige et peut-être que Sénateur… Vous comprenez ?

---

2. Garées : à l'arrêt.

– Non. Mais ça ne fait rien. Entrez ! Bienvenue chez moi ! »

Dans la maison, il y a des gens partout. Tout le monde danse. La seule personne sérieuse[3] ici, c'est Sénateur. Le chien regarde la fête comme un vieux monsieur : il observe et il pense. C'est un très beau chien, très grand, très fort et très gentil. Il dit bonjour aux enfants, puis il va se coucher sous une table, un endroit où on ne va pas lui marcher sur la queue.

Plus personne ne s'intéresse à la montre de Zoé. Zoé commence à être fatiguée : skier toute la journée, danser toute la nuit, elle a envie

---

3. Sérieux : réfléchi, qui ne s'amuse pas.

de dormir. Elle déteste les fêtes, elle déteste la montagne et les montagnards[4], elle est nulle, elle tombe toujours et elle ne comprend rien. Jamais elle ne va revenir à Modane. Elle veut rentrer dans sa famille, à Lyon. Elle veut retrouver sa chambre, ses affaires[5], son école, ses amis...

Mais ce n'est pas vrai, Zoé ne déteste pas les fêtes. Elle commence à penser que la musique est très bonne – le dernier CD de Grand Corps Malade – et elle commence à trouver que monsieur Paul est très beau et que le monde entier est fantastique. Il est très tard mais elle ne sent plus sa fatigue... Petit à petit, la musique monte en elle, et elle danse, elle oublie l'heure, elle oublie sa montre, elle oublie le réveil à 7 heures 30 du matin. Elle danse avec monsieur Paul – non, avec Paul. Parce qu'il ne veut pas qu'on l'appelle monsieur. Il trouve que ça fait école et devoir de classe. Ce soir, c'est la fête ! Il n'y a pas de monsieur ni de mademoiselle, il y a la danse et la musique !

Paul... Paul est beau et gentil. Il est un peu vieux – 25 ans ! – mais personne n'est parfait, et Zoé l'aime comme il est, avec ses yeux verts et

---

4. Un montagnard : nom d'une personne ; cette personne vit à la montagne.

5. Ses affaires : ses objets personnels, ses choses.

ses larges épaules. Un sportif... Normalement, elle déteste les sportifs. Les sportifs sont comme Rémi : ils n'ont rien dans la tête, ils font toujours des blagues stupides et ils ne comprennent rien. Mais Paul, ce n'est pas pareil... Paul est un sportif très spécial, un sportif plein de charme, un prince sportif. Oui, c'est ça : c'est un prince dans une grande maison au milieu de la forêt, un prince charmant, et il n'a pas encore trouvé sa princesse. Comme il danse bien !

À une heure du matin, la musique s'arrête.

« Tout le monde au lit ! dit Paul. Nous avons une longue journée de ski devant nous. Bonne nuit, les enfants !

– Mais on est samedi ! dit Zoé. On ne va pas dormir maintenant, il n'est pas très tard !

– Pas très tard ? Une heure du matin ?! Au lit, princesse, comme les autres ! Elsa, tu vas trouver le chemin pour rentrer au collège ?

– Oui, oui, pas de problème. Ce n'est pas loin.

– Faites attention ! La neige est un peu molle[6], en ce moment. »

---

6. Molle : contraire de dur ; ici, non stable.

Zoé regarde le jeune professeur de ski. Elle est toute rouge, elle n'arrive presque pas à parler. Princesse… Ses oreilles sont pleines de ce mot.

Princesse, il pense que je suis une princesse…

Est-ce qu'ils vont se revoir ?

« Euh… Paul ?

– Oui, Zoé ?

– Ma montre en or ?

– Ah oui, ta montre… Demain, j'y vais avec Sénateur, d'accord ? Maintenant il est trop tard, tu vas dormir.

– D'accord, Paul. Bonne nuit, Paul. À demain, Paul… »

Chapitre 7

Le blanc et le noir

« **D**'accord, Paauuul… Bonne nuit, Paauuul… À demain, Paauuul. Tu t'entends quand tu lui parles ? Tu n'as pas honte[1] ? Beurk !!! »

Mais Zoé n'écoute pas son cousin Rémi. Elle marche comme dans un rêve. Quelle nuit ! Hier encore, une petite fille de 13 ans. Aujourd'hui,

---

1. La honte : le sentiment de gêne, d'humiliation.

une amoureuse… Amoureuse… Le plus beau mot de la langue française.

Je suis amoureuse… Je l'aime, il m'aime… Est-ce qu'il m'aime ?… Je suis trop jeune, il est trop beau… Mais si, il m'aime !… Demain, il va me dire : « je t'aime… » Demain…

Oui, c'est comme un rêve, c'est comme de descendre une piste noire sans jamais tomber, c'est comme d'aller à 200 km/h dans un monde tout blanc et d'être très heureuse… Amoureuse… Elle imagine leur maison dans la forêt, leur vie à deux… Parce que dans son rêve, elle est mariée à Paul et ils vivent ensemble. Elle n'est pas une petite fille de 13 ans. Elle est une femme, une star de cinéma, et Paul, un champion olympique… Ils sont célèbres tous les deux, ils ont des fans dans le monde entier mais ils s'aiment comme au premier jour. Paul est amoureux de Zoé et Zoé est amoureuse de Paul. Un champion olympique amoureux d'une star de cinéma…

Et dans son rêve, Zoé n'entend pas Elsa crier « Attention ! ». Elle n'entend pas l'avalanche.

Mais elle sent[2] le vent. C'est un vent très fort, il souffle très vite, trop vite. Déjà, il est trop tard.

---

2. Sentir : ici, impression de voir venir le vent.

Oh, qu'est-ce que c'est ? Est-ce que la forêt me parle ? C'est certainement cela. Je suis amoureuse, tout me parle d'amour, les arbres, la montagne, la neige…

Mais la forêt ne lui parle pas. La montagne lui parle, mais elle ne lui parle pas d'amour.

Que se passe t-il ? Pourquoi est-ce qu'elle est toute seule ? D'où vient ce bruit énorme ? Il ne faut pas rester ici.

Elle marche vite. Elle tombe.

Soudain, tout est blanc, et puis tout est noir.

Chapitre 8

Sénateur

Rémi, Elsa, Thierry et Karine restent plusieurs secondes sans rien dire.

Ce n'est pas possible pensent-ils. Elle n'est pas sous l'avalanche. Elle est dans la forêt, derrière les arbres. Elle va nous appeler et on va rire ! Qu'est-ce que tu nous as fait peur !

Mais Zoé n'appelle pas et personne ne rit.

Enfin ils se réveillent :

« ZOÉ !!!

– Chut ! fait Elsa. C'est encore dangereux.

– Est-ce qu'elle est morte ?

– Non. Elle est sous la neige. Mais elle a de l'oxygène pour une demi-heure. Peut-être plus… »

Elsa réfléchit[1] très vite. Dix minutes pour aller chercher Sénateur, dix minutes pour revenir, dix

---

1. Réfléchir : penser.

minutes pour retrouver Zoé. Ça peut marcher. Zoé est jeune, forte, en bonne santé...

Elsa connaît la montagne, elle prend la direction des opérations.

« Rémi, tu viens avec moi. Vous, vous commencez les recherches. Ne l'appelez pas. Écoutez. Elle va peut-être crier. Et regardez bien autour de vous. Vous allez peut-être trouver un vêtement. Rémi, vite, on y va ! »

Elsa et Rémi sont les plus sportifs de la bande. Ils partent très vite en direction de la maison de monsieur Paul. Thierry regarde sa montre : 1 heure 20. Une demi-heure…

« On va la retrouver. Karine, tu vas par là. Moi, je vais par ici. Vite ! »

Ils commencent à chercher dans la neige. Zoé les entend peut-être, elle va peut-être les appeler...

« Regarde ! » crie soudain Karine.

Là ! Une écharpe[2] blanche, l'écharpe de Zoé !

« ZOÉ ! ZOÉ ! »

Pas de réponse.

« Elle est certainement ici. Allons-y, vite ! »

1 heure 25. Ils travaillent vite. Ils ne disent rien, ils pensent seulement à trouver Zoé. Ils ont très froid aux mains mais ils travaillent sans s'arrêter, sans parler. Chaque minute compte.

Soudain, ils entendent un chien... Sénateur ? Comment est-ce que c'est possible ? Il n'est pas encore 1 heure 30, et il faut au moins dix minutes pour aller chez Paul, dix minutes pour revenir...

Mais c'est bien Sénateur. On entend aussi les voix de Paul, de Rémi et d'Elsa.

---

2. Une écharpe : on met une écharpe autour du cou pour se protéger du froid ; elle est souvent en laine.

Le chien arrive le premier. Il sent l'écharpe, puis il sent la neige, il va à droite, à gauche, vers les arbres. Il s'arrête, il repart. Soudain, il aboie[3] comme un fou et il commence à chercher dans la neige.

« Regardez ! » crie Rémi.

Une main. La main de Zoé…

---

3. Aboyer : cri du chien.

Chapitre 9

Et ça recommence !

Zoé ouvre les yeux. Quel rêve horrible ! Elle a mal partout. Où est-elle ? Elle lève un peu la tête, elle regarde autour d'elle. Elle est dans son lit, dans le collège de Modane. Le soleil entre par la fenêtre et elle a très faim. Il est tard, peut-être 11 heures ou midi… Qu'est-ce qu'elle fait toute seule dans la chambre, à cette heure ? Où sont les autres ?

« Il y a quelqu'un ? »

Personne ne répond mais elle entend des gens rire dehors. C'est la voix de son cousin Rémi… Il y a aussi un chien… Sénateur ?

La fête chez monsieur Paul… La promenade dans la forêt… L'avalanche !

Très lentement, comme une grand-mère, elle sort de son lit et va vers la fenêtre. Rémi, Elsa, Karine, Thierry, tous ses amis sont là, dans la neige, au soleil. Il y a aussi Sénateur et… et Paul !

« Paul ? Qu'est-ce que vous faites ?

– Zoé ! Tu es réveillée ? Retourne vite dans ton lit, on arrive ! »

Dans son lit ? Pourquoi rester au lit par cette belle journée ? Elle n'a pas du tout envie d'aller au lit ! Elle a envie de sortir et de faire du snowboard !

Paul et les autres entrent dans la chambre, ils l'embrassent tous.

« Comment tu te sens ?

– Ça va. Dites-moi, l'avalanche, c'est un mauvais rêve ou c'est pour de vrai ?

– C'est pour de vrai ! »

Rémi pleure.

« Pourquoi est-ce que tu pleures, toi ?

– Je ne pleure pas !

– Si, tu pleures.

– Non ! C'est la neige... J'ai de la neige dans les yeux ! »

Ce n'est pas vrai mais Zoé n'insiste[1] pas.

« J'ai faim !

---

1. Insister : demander quelque chose avec force.

– Ce n'est pas étonnant, dit Paul. Tu sais quelle heure il est ?

– L'heure ? Ma montre ! Où est ma montre ?

– Elle est folle. Je vous dis qu'elle est folle ! crie Rémi. Elle tombe dans une avalanche et elle pense à sa montre !

– Moi au moins, je pense. Ce n'est pas comme toi !

– Arrêtez, tous les deux ! Mais ce n'est pas possible !

– C'est lui qui m'embête !

– Non, c'est toi ! »

Et ça recommence !

Paul les regarde, rit et dit :

« Sénateur vient de trouver quelque chose. Ce n'est pas à toi ?

– Ma montre ! »

Activités

 Qui est qui ? Associe.

- **a.** étudie à Modane.
- **b.** s'habille bien.

1. Zoé   **c.** n'est pas sportive.
2. Elsa   **d.** fait du ski et du snowboard tous les jours.

- **e.** est très jolie.
- **f.** tombe toujours à la montagne.
- **g.** est une championne sur les pistes.

 Associe les noms aux couleurs.

1. une piste	**a.** blanche
2. une montagne	**b.** blancs
3. une star	**c.** verte
4. des cheveux	**d.** blonds
5. des vêtements	**e.** en blanc

 Décris la journée de Zoé : associe et remets dans l'ordre les moments de sa journée.

1. Zoé va acheter un gâteau.	**a.** 21h
2. Zoé est le nez dans la neige.	**b.** 9h
3. Zoé prend son petit déjeuner.	**c.** 7h30
4. Zoé arrive sur les pistes.	**d.** 13h45
5. Zoé fête l'anniversaire d'Elsa.	**e.** 8h30
6. Zoé se réveille.	**f.** 12h30
7. Zoé déjeune.	**g.** 14h00

Mots croisés : aide toi des définitions pour compléter cette grille.

Horizontalement

A. Elle est en or et Zoé l'adore.
B. Elle est très haute.
C. On le mange aux anniversaires.
D. C'est la fille de ma tante et de mon oncle.
E. Il est le premier dans toutes les compétitions.
F. Plaisanterie.

Verticalement

1. Il est charmant.
2. Drôle.
3. Entre l'école primaire et le lycée.
4. Nous.
5. Elle est verte.
6. Elle tombe du ciel.

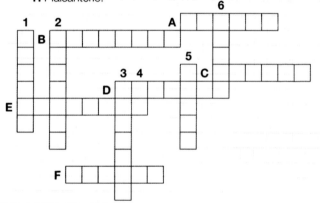

Chapitre 3

 Qu'est-ce qu'un anniversaire réussi ? Chasse les deux intrus.

un gâteau – une bonne ambiance – des amis –
une dispute – des blagues – des costumes marrants –
de la musique – des bonbons – des jus de fruits –
un dictionnaire – des rires – des bougies

6 **Que signifie ces expressions ? Associe !**

1. Elsa est toute rouge.
- **a.** Elle est malade. ☐
- **b.** Elle est timide. ☐
- **c.** Elle est maquillée en rouge. ☐

2. L'ambiance est très chaude.
- **a.** On s'amuse bien. ☐
- **b.** Il fait très chaud. ☐
- **c.** Ils sont fâchés. ☐

3. La salle est plongée dans le noir.
- **a.** Une fille n'est pas propre et elle tombe
  parce qu'elle ne voit rien. ☐
- **b.** C'est le silence, tout le monde a envie de dormir. ☐
- **c.** Soudain, il n'y a plus de lumière. ☐

4. Dans ses bras, on n'arrête pas de rire.
- **a.** Quand on danse avec lui, on s'amuse beaucoup. ☐
- **b.** Il marche sur ses mains et tout le monde rit. ☐
- **c.** Il rit parce que les autres dansent mal. ☐

5. Des garçons et des filles font les fous.
- **a.** Ils ont des problèmes psychologiques. ☐
- **b.** Ils fabriquent des objets très bizarres. ☐
- **c.** Ils font des bêtises très amusantes. ☐

7 **Vrai ou faux ?**

	Vrai	Faux
1. Karine fait le DJ.	☐	☐
2. Thierry fait le barman.	☐	☐
3. Rémi apporte le gâteau.	☐	☐
4. Elsa fête ses 13 ans.	☐	☐
5. Il y a des Suédois dans la famille de Zoé.	☐	☐
6. Karine est d'origine belge.	☐	☐
7. Christophe Willem est un invité.	☐	☐

Chapitre 4

Chasse l'intrus.

1. une écharpe – un bonnet – un anorak – une luge
2. des skis – un bâton de ski – une avalanche – un snowboard
3. la montagne – la plage – la neige – le ski

 Trouve dix mots cachés dans la grille. Pour t'aider, voici leurs définitions.

1. À cette heure-ci, ils dorment.
2. On crie ce mot quand c'est dangereux.
3. On porte cet objet quand on voit mal.
4. Il est très tard, nous avons envie de … .
5. Ne pas tenir debout.
6. On crie ce mot devant quelque chose de sale.
7. Rémi veut jouer à ce jeu et il veut arriver le premier.
8. Cette petite « chaise » va très vite sur la neige.
9. C'est le sentiment très fort et très beau entre deux personnes.
10. Résultat physique d'une longue journée de sport.

P	R	O	F	E	S	S	E	U	R	S	Z	A	N	V	W
E	L	T	S	S	I	F	G	O	C	Q	L	M	F	F	I
C	V	A	T	T	E	N	T	I	O	N	G	O	E	A	T
O	B	N	R	E	W	A	M	R	Z	D	U	U	I	T	H
U	I	L	U	N	E	T	T	E	S	I	F	R	X	I	O
R	D	U	V	K	A	Q	G	I	S	E	R	I	O	G	L
S	Z	G	O	D	O	R	M	I	R	C	Q	X	I	U	E
E	R	E	G	A	F	B	I	J	O	T	O	M	B	E	R
Q	L	U	B	E	U	R	K	A	R	I	F	Y	L	G	V

À la montagne, les chiens sauvent des hommes. D'autres animaux font aussi des choses utiles. Est-ce que tu connais leurs noms ? Cherche les dans le dictionnaire, et écris deux phrases avec leurs caractéristiques.

1. Le pigeon voyageur : _____

2. L'abeille : _____

3. L'âne : _____

4. Le cheval : _____

5. Le faucon : _____

 Déchiffre la charade et découvre le mot mystérieux.

Exemple : Mon premier est le contraire de laid. Mon deuxième est entre la tête et les épaules. Mon tout veut dire « très ». Qu'est-ce que c'est ?
Réponse : beau – cou = beaucoup.

Mon premier est la première lettre de l'alphabet : …
Mon deuxième est le verbe aller à la troisième personne du présent : …
Mon troisième est le contraire de rapide : …
Mon quatrième est les trois premières lettres d'un animal très beau, très grand et très rapide : …
Mon tout est une grande quantité de neige : quand elle tombe, elle va très vite et elle fait des catastrophes : …

Chapitre 6

 Cette histoire se passe à la montagne. Les hommes sont des montagnards et les femmes des montagnardes. Et toi, est-ce que tu connais des mots de même famille ?

1. Le ski : un homme qui fait du ski est un ....
→ une femme est une ....

2. L'école : un garçon qui va à l'école est un ....
→ une fille est une ....

3. Le jardin : un homme qui travaille dans un jardin est
un .... → une femme est une ....

4. La danse : un homme qui fait de la danse est
un .... → une femme est une ....

5. L'observation : un homme qui observe est un ....
→ une femme est une ....

 Voici trois résumés du chapitre. Un seul est correct. Lequel ?

Résumé 1

Zoé trouve une montre en or dans la neige. Elle cherche à qui est cette montre. Elle va au collège de Modane. Là, elle apprend que c'est la montre d'un sénateur. Le séna-teur est en vacances chez monsieur Paul, un professeur de ski. Zoé va chez eux.

Résumé 2

Zoé offre une montre en or à Elsa pour son anniversaire. Le soir, elles font la fête mais Elsa perd sa montre dans la neige. Impossible de la retrouver ! Alors elles vont toutes les deux chez un professeur de ski et elles lui demandent de l'aide.

Résumé 3

Un soir, pendant une fête à la montagne, la montre en or de Zoé tombe dans la neige. Impossible de la retrouver. C'est une montre très belle et très chère. Alors Zoé et ses amis vont demander de l'aide à monsieur Paul, un professeur de ski.

Chapitre 7

Déchiffre la charade et découvre le mot mystérieux.

On boit mon premier quand on a très soif : ....
Mon deuxième est les trois premières lettres
de linguistique : ....
Mon troisième est la lettre grecque π : ....
Mon quatrième est les quatre dernières lettres
de fantastiques : ....
Mon tout ? Ce sont des jeux sportifs internationaux : ....

 Que dit-on dans ces situations ? Associe !

1. Au secours ! **a.** quand quelqu'un part en vacances.
2. À ta santé ! **b.** quand on est à table, juste avant
un repas.
3. Bon voyage ! **c.** quand on est dans une situation
très dangereuse.
4. Bonne chance ! **d.** quand on boit un verre avec un ami.
5. Bon appétit ! **e.** quand quelqu'un va passer un
examen difficile.

 Retrouve dans le texte les phrases qui ont le même sens que les expressions suivantes.

1. Rémi, Elsa, Thierry et Karine ne parlent plus.
2. Elle peut encore respirer pendant 30 minutes.
3. Elsa commande ses amis.

Relie le ou les adjectifs aux personnages correspondants. (Plusieurs réponses possibles)

1. Zoé
2. Rémi
3. Thierry
4. Elsa
5. Sénateur

a. sportif(ve)
b. fou
c. jeune
d. forte
e. froid

Chapitre 9

 Le résumé de l'histoire a été mélangé. Remets-le dans l'ordre.

1. Sénateur sauve Zoé. – **2.** Zoé fait connaissance avec monsieur Paul, un professeur de ski. – **3.** Zoé fait du snowboard sur une piste verte. – **4.** Zoé tombe dans une avalanche. – **5.** Zoé va acheter un gâteau pour l'anniversaire d'Elsa. – **6.** Zoé perd sa montre dans la neige. – **7.** Zoé retrouve sa montre. – **8.** Zoé et ses amis dansent dans la salle des fêtes du collège.

 Zoé est maintenant à Lyon. Elle écrit une lettre à monsieur Paul. Peux-tu l'aider ?

Cher Paul,

_____

_____

_____

_____

_____

Je t'embrasse.
À bientôt,

Zoé

Corrigés

1. b, c, e, f – **2.** a, d, g

1. c – **2.** a – **3.** e – **4.** d – **5.** b

1. g – **2.** d – **3.** e – **4.** b – **5.** a – **6.** c – **7.** f
6 – 3 – 4 – 7 – 2 – 1 - 5

Une dispute – Un dictionnaire

1. b – **2.** a – **3.** c – **4.** a – **5.** c

1. Vrai – **2.** Vrai – **3.** Faux « Zoé avec le gâteau » – **4.** Faux
« Il y a quatorze bougies » – **5.** Vrai – **6.** Faux « sa famille
vient de Londres » – **7.** Faux « le dernier CD de Christophe
Willem »

1. Une luge – **2.** Une avalanche – **3.** La plage

1. Le pigeon voyageur revient toujours à son nid.
   Il transporte les messages.
2. L'abeille fabrique le miel et la cire. On mange le miel
   et avec la cire, les meubles sentent bons.
3. L'âne est très fort et très économique. Quand on
   n'a pas d'argent pour un camion, on achète un âne.
4. Le cheval va très vite. On peut monter sur son dos
   et faire la course.
5. Le faucon a une vue extraordinaire et vole très vite.
   On l'utilise pour la chasse.

 Avalanche (a – va – lent – che)

 1. skieur ; skieuse – **2.** écolier ; écolière – **3.** jardinier ;
jardinière – **4.** danseur ; danseuse – **5.** observateur ;
observatrice

 Le résumé 3

 Olympiques (eau – lin – pi – ques)

 1. c – **2.** d – **3.** a – **4.** e – **5.** b

 1. Rémi, Elsa, Thierry et Karine restent plusieurs
   secondes sans rien dire.
2. Elle a de l'oxygène pour une demi-heure.
3. Elle prend la direction des opérations.

 1. c ; d – **2.** a – **3.** e – **4.** a – **5.** b

 3 – 5 – 8 – 6 – 2 – 4 – 1 – 7

 Réponse libre

Achevé d'imprimer en France par Mame Imprimeurs (n° 07122239)
Dépôt légal : 01/2008 – Collection n° 41 – Édition n° 01
15/5602/6